Début d'une série de documents
en couleur

LES
HÉRÉTIQUES DU MIDI

AU TREIZIÈME SIÈCLE

CINQ PIÈCES INÉDITES

PAR

C. DOUAIS

TOULOUSE

ÉDOUARD PRIVAT, IMPRIMEUR-LIBRAIRE

45, RUE DES TOURNEURS, 45

1891

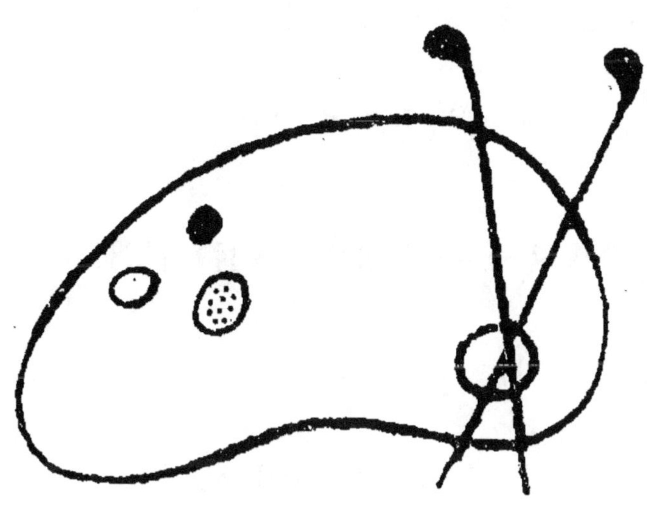

Fin d'une série de documents
en couleur

LES
HÉRÉTIQUES DU MIDI

AU TREIZIÈME SIÈCLE

CINQ PIÈCES INÉDITES

PAR

C. DOUAIS

TOULOUSE

ÉDOUARD PRIVAT, IMPRIMEUR-LIBRAIRE

45, RUE DES TOURNEURS, 45

—

1891

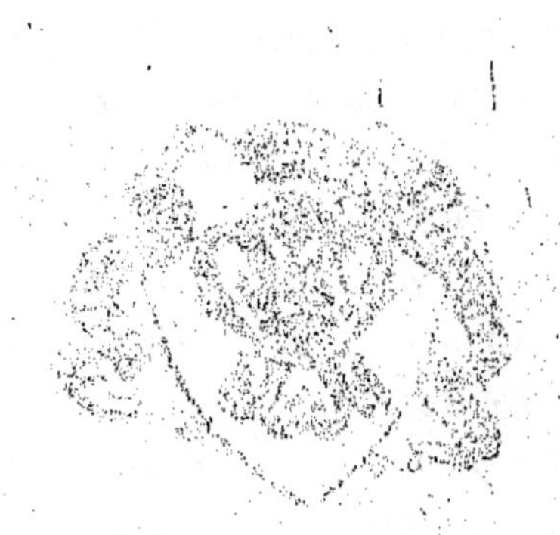

LES HÉRÉTIQUES DU MIDI

AU TREIZIÈME SIÈCLE

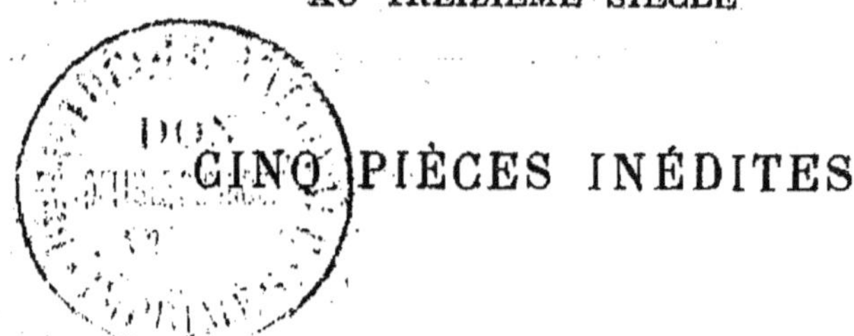

CINQ PIÈCES INÉDITES

—————

Benoît d'Alignan [1], abbé de La Grasse (Aude) (1224-1229), puis évêque de Marseille (1229-1266), enfin frère Mineur (1266-1268), a laissé, entre autres écrits [2], un long traité d'hérésiologie, intitulé : *Tractatus contra errores catholice fidei obviantes*, qui est classé à la Bibliothèque nationale sous le n° 4224 manuscrits latins. A la fin du manuscrit, on lit trois opuscules : 1° *Exposicio orationis dominice* (Fol. 455 — fol. 468^b) ; 2° *Exposicio salutationis beate Marie* (Fol. 469 — fol. 494^b) ; 3° *De decimis et primitiis* (Fol. 495 — fol 496^b), et une sentence synodale : *Sententia lata in synodo super decimis* [3]. Ces opuscules et cette sentence ont été sans hésitation attribués à Benoît d'Alignan [4].

Or, dans ce même manuscrit, après le *Traité contre les erreurs opposées à la foi catholique* et avant ces trois opuscules, se trouvent cinq pièces qui ont attiré mon attention :

1° Un opuscule théologique, *Qualiter respondendum illis*

—————

1. Il appartenait à la maison d'Alignan-du-Vent (Hérault).
2. Baluze en a publié plusieurs, *Miscellanea*, VI, pp. 349-370.
3. Publiée par Baluze.
4. *Hist. littt.*, XIX, p. 91.

4 C. DOUAIS.

qui mirantur quod heretici sustinent suplicia pacienter,
qui paraît être de Benoît d'Alignan, car il est présenté comme
un appendice au traité contre les hérésies : *Declaratis erroribus qui per hoc symbolum eliduntur, et eisdem per rationes, per auctoritates, per exempla, et per similitudines
extirpatis*, RESPONDEMUS *obiectioni*.....

2° Une formule d'abjuration, précédée d'un avis invitant à
recevoir avec empressement les hérétiques demandant à ren-
trer dans le giron de l'Église;

3° Une formule du serment à déférer avant l'interrogatoire;

4° Une formule d'interrogatoire sur le fait de l'hérésie;

5° Une seconde formule d'interrogatoire, non sur l'hérésie,
mais sur les pratiques de la magie : *De ydolatris et ydolatriis*.

Il est difficile de se prononcer sur la provenance de ces qua-
tre dernières pièces. Leur présence au milieu d'écrits de Benoît d'Alignan est-elle un motif suffisant pour croire qu'il en
est l'auteur ? En tout cas, il est permis de penser qu'il se
les appropria dans l'usage et l'exercice de sa charge épiscopale.
Au surplus, elles ajoutent des renseignements précis sur les
hérétiques du Midi au *Traité* contre les hérésies, où ils ap-
paraissent à peine, non sans quelque surprise pour nous. Benoît d'Alignan y parle des Vaudois, mais non des néo-manichéens. Il crut sans doute être quitte avec la conscience chré-
tienne par l'exposition et la réfutation du vieux manichéisme
et de la pratique prohibant l'usage des viandes (fol 114ᵇ,
fol. 125ᵉ) pour les parfaits de la secte. Il convient d'ajouter
que les néo-manichéens qui avaient essaimé si rapidement
dans le Toulousain, le Carcassés et l'Albigeois, s'étaient peu
répandus sur les rives du Rhône. Les pièces que j'annonce
feront moins regretter son silence sur les néo-manichéens,
qu'il dut voir de près et connaître pendant son séjour à l'ab-
baye de La Grasse[1].

Aussi bien, il est intéressant de voir un homme à ce point
considérable constater le courage des hérétiques dans les sup-
plices, et de l'entendre expliquer dans un sens orthodoxe,

<hr>

1. *Gall. christ.*, VI, 947.

mais par la démonologie chère au moyen âge, un fait qui étonnait les contemporains. L'histoire des *doctrines* a toujours beaucoup à recueillir dans les formules d'abjuration, qui en présentent la proposition contradictoire : celle que nous lisons ici entre dans un détail presque minutieux. Certains articles rappellent les doctrines néo-manichéennes et les doctrines vaudoises ; d'autres annoncent déjà Luther ; quelques-uns nous transportent au milieu de cette opposition pratique contre l'Eglise, qui, au treizième siècle, s'accuse ailleurs que dans les rangs des hérétiques. Les deux *formules d'interrogatoire* semblent avoir été rédigées par un inquisiteur expérimenté ; elles ne seraient pas déplacées dans la *Pratique* de B. Gui.

Enfin l'interrogatoire sur la magie fournit une longue et curieuse énumération de ses bizarres pratiques, qui, dans la pensée de leurs adeptes, portaient si loin et où il convient de distinguer ici les *Sorts des Apôtres*, trop en honneur dans le Midi [1].

(Bibl. nat., ms. lat. 4224.)

I.

[Fol. 443ᵃ] *Qualiter respondendum illis qui mirantur quod heretici sustinent suplicia pacienter, et dicunt esse martyrium quod est initium supplicii sempiterni.*

Declaratis erroribus qui per hoc symbolum eliduntur, et eisdem per rationes, per auctoritates, per exempla et per similitudines extirpatis, respondemus obiectioni et admirationi quorumdam simplicium, qui de hereticorum pertinacia seducti, in erroris incidunt laberintum, credentes esse martyrium, quod est initium supplicii sempiterni. Mirantur enim aliqui quod non tantummodo pacienter, sed etiam leti, ut videtur, vadunt ad combustionem heretici et ad mortem. In quo adverte

___

1. M. Chabaneau, *Les Sorts des Apôtres*, texte provençal du treizième siècle publié avec l'original latin. In-8°, Montpellier, 1884.

[Fol. 443*b*] quantum possit dyabolus, non tantum in corporibus, sed etiam in cordibus, que permissus possidet per peccatum. In multis fecit dyabolus ut suspenderent, vel submergerent, vel aliter occiderent semetipsos. Judas suspendit
seipsum, diabolo immitente. Ego autem magis existimo et
magis admiror ut potuit immisisse in cor eius ut traderet ad
mortem Ihesum Xpistum Dominum Deum suum, quam ut
suspenderet semetipsum. Item, dyabolus fecit ut primi parentes libenter pomum mortiferum comederent, quo tam ipsi
quam eorum tota progenies morerentur et a paradisi gaudiis
exularent. Item, dyabolus facit ut cotidie in igne luxurie
multi letanter precipitent semetipsos, vel festinent leti per
varia vicia ad gehennam. Attendant igitur quam dissimilia
sunt constantia martyrum et pertinacia hereticorum, quia
mortis contemptum in martiribus pietas, in hereticis cordis
duricia operatur. Multa quidem et alia responderi possunt
stultitie et insipientie, sive vesanie hereticorum; set quoniam
nec [Fol. 443*c*] rationibus convincuntur, quia non intelligunt,
nec auctoritatibus corriguntur, quia non recipiunt, nec flectuntur suasionibus, quia subversi sunt, et magis mori eligunt
quam converti, ideo ab illis qui non sine causa gladium portant penis corporalibus utilius cohercentur quam in suis erroribus deperire et alios in dampnatione inducere permittantur,
quia necesse est ut ferro abscindantur vulnera, cum fomentorum non senserint medicinam. [Decreti prima pars], D[ist.]
LXXXII, [c. IV], *Quia aliquando*; [Decreti secunda pars,
causa] xxIIII, Q. III, [c. XIV], *Sacerdotes*, [c. XVI], [*Re*]*secande*,
[c. XVII], *Corripiantur*, [c. XVIII], *Ecce autem*.

II.

Quod sicut detestandi sunt in heresi pertinaces, sic am
plectendi sunt qui ab erroribus convertuntur.

Quia vero pia mater ecclesia nulli claudit gremium salubriter reverteuti, sed exemplo pii patrisfamilias occurrit cum
gaudio filio prodigo, licet male vivendo dissipaverit bona sua,

quantumcumque de longinquo viciorum per veram peniten-
tiam humiliter revertatur, Luc. xv : ideo, quantumcumque
detestemur in heresi pertinaces, vere tamen conversos ab
erroribus amplectimur brachiis caritatis. Set [Fol. 443*d*] ut
appareat utrum quis in tenebris ambulet an in luce, utrumve
sit vere penitens, aut ficte conversus [Decr. Greg., lib. II,
tit. XXIII], *De presumpt..* [cap. xiv], *Litteras*, si sponte
redierit ad fidei catholice unitatem, eum facimus omnem heresim abiurare, secundum quod dicitur, [Decr. secunda pars]
Dist. II, *De Consec.*, [c. xlii], *Ego Berengarius*, et confiteri
expresse fidem catholicam, in hunc modum.

*Qualiter debent heresim abiurare et fidem catholicam
confiteri qui ab heresi convertuntur.*

Pateat omnibus fidelibus quod ego talis, vel nos tales, corde
credimus, fide intelligimus, ore confitemur, et simplicibus
verbis affirmamus Patrem, Filium et Spiritum Sanctum, tres
personas esse unum Deum, totamque trinitatem coessentialem
et consubstantialem et coeternalem et coomnipotentem et sin-
gulas quasque in Trinitate personas plenum Deum, sicut in
symbolis : *Credo in Deum*, et : *Credo in unum Deum*, et in
Quicumque vult et in *Firmiter credimus*, continetur;
Patrem quoque et Filium et Spiritum Sanctum unum Deum
esse creatorem, factorem, gubernatorem, et dispositorem
omnium [Fol. 444*a*] corporalium et spiritualium, visibilium et
invisibilium, corde credimus et ore confitemur. Novi et vete-
ris Testamenti unum eundemque auctorem credimus esse,
Deum, qui in Trinitate, ut dictum est, permanens de nichilo
cuncta creavit. Johannemque Babtistam ab eo missum esse,
sanctum et iustum, et in utero matris sue Spiritu Sancto reple-
tum veraciter confitemur. Incarnationem divinitatis non in
Patre nec in Spiritu Sancto factam, sed in Filio tantum corde
credimus et ore confitemur, ut qui erat in divinitate Dei Patris
filius, Deus verus ex patre, esset in humanitate hominis filius,
homo verus ex matre, veram carnem habens ex visceribus
matris, et animam humanam rationalem; simul utriusque
nature, id est Deus et homo, una persona, unus filius, unus
Xpistus, unus Deus cum Patre et Spiritu Sancto, et omnium

auctor et rector. Natus ex Virgine Maria vera Carnis nativitate, manducavit et bibit, dormivit et fatigatus ex itinere quievit, passus vera [Fol. 444^b] carnis sue passione, mortuus vera sui corporis morte, ita quod anima recessit a corpore ac secundum carnem quievit in sepulcro, et secundum animam descendit ad inferos, et inde iustos eduxit, ibique reliquit iniquos et resurrexit, vera Carnis sue resurrectione et vera anime ad corpus resumptione. In qua postquam manducavit et bibit, ascendit in celum et sedet ad dexteram Patris, et in eadem venturus est vivos et mortuos iudicaro. Corde credimus et ore confitemur unam ecclesiam non hereticorum, sed sanctam Romanam catholicam et apostolicam, extra quam nemo salvatur, cuius esse triplicem statum confitemur, unum triumphantium qui iam regnant in celis, alium militantium qui adhuc peregrinantur in terris, tertium expectantium, qui adhuc expectant in Purgatorii penis. Confitemur etiam ecclesiam materialem esse locum orationis et exauditionis, quem locum credimus esse honestum, sanctum, venerandum et necessarium cultui xpistiano; approbamus etiam cantus, psalmodias [Fol. 444^c] et alia officia ecclesiastica, que canonice ibi fiunt, nec reprehendimus cruces, ymagines, picturas et figuras, que fiunt in ecclesiis ad ornatum divini cultus et ad Dei beneficia recollenda. Sacramenta quoque que in ecclesia celebrantur, inestimabili virtute Spiritus Sancti cooperante, licet a peccatore sacerdote ministrentur, dum ecclesia eum recipit, in nullo reprobamus. Nec ecclesiasticis officiis, vel benedictionibus ab eo celebratis detrahimus. Set benivolo animo tanquam a iustissimo facta amplectimur. Quia non nocet episcopi malicia vel presbiteri ad babtismum infantis, neque ad eucharistiam consecrandam, nec ad cetera ecclesiastica officia subditis celebranda. Approbamus ergo babtismum infantium, qui si defuncti fuerint post babtismum, antequam peccata committant, fatemur eos salvari, et credimus etiam in babtismate omnia peccata, tam illud originale peccatum contractum a primis parentibus, quam illa que voluntate commissa sunt, dimitti per virtutem et efficaciam sacramenti. Confirmationem [Fol. 444^d] ab episcopo factam, id est impositionem manuum, sanctam et venerande accipiendam esse censemus. In sacrificio Eucharistie, ubi ante consecrationem erant panis et vinum, post consecrationem ibi esse verum corpus et verum sanguinem Domini nostri Ihesu Xpisti, firmiter et indubitanter corde puro credimus et simpliciter verbis fidelibus affirmamus. In quo nichil a bono maius, nec a malo minus perfici credimus sacerdote, quia non in merito consecrantis, set in verbo efficitur *creatoris* et in virtute Spiritus Sancti. Unde firmiter credimus et confitemur quod quantumcumque quilibet honestus, religiosus, sanctus et prudens sit, non potest nec debet Eucharistiam consecrare, nec altaris sacrificium conficere, nisi sit presbiter a visibili et tangibili episcopo regulariter ordinatus. Ad quod officium tria sunt, ut credimus, necessaria, scilicet certa persona, id est presbiter ab episcopo, ut prediximus, ad illud proprie officium consecratus, et illa sollempnia verba que a sanctis patribus in canone sunt expressa, et fidelis [Fol. 445ᵃ] intentio proferentis. Ideo firmiter credimus et fatemur, quod quicumque sine precedenti ordinatione episcopali, ut prediximus, credit et contendit se posse sacrificium Eucharistie facere, hereticus est, et perditionis Chore et suorum complicum est particeps atque consors, et a sancta Romana Ecclesia segregandus. Peccatoribus vero penitentibus, veniam concedi a Deo credimus et eis libentissime communicamus, et non solum Deo sed etiam sacerdoti visibili confessionem credimus faciendam. Unctionem infirmorum cum oleo consecrato veneramur. Coniugia carnalia esse contrahenda secundum apostolum non negamus; ordinate vero contracta omnino disiungere prohibemus; hominem quoque cum sua coniuge generando infantes salvari credimus et fatemur, nec etiam secunda vel ulteriora matrimonia condempnamus; sed tam virginitatem quam continentiam ac matrimonium approbamus. Carnium perceptionem non reprehendimus nec inculpamus. Non condempnamus [Fol. 445ᵇ] iuramentum, immo credimus puro corde quod cum veritate et iudicio et iusticia licitum sit iurare. De potestate seculari asserimus quod sine peccato mortali potest iudicium sanguinis exercere, dummodo ad inferendam vindictam, non

odio sed iudicio, non incaute sed consulte procedat. Predicationem necessariam et valde laudabilem esse credimus; tamen
ex auctoritate et licentia seu permissione Summi Pontificis
vel prelatorum illam credimus exercendam. In omnibus vero
locis ubi manifeste heretici manent et fidem Domini nostri
Ihesu Xpisti ac sancte Romane Ecclesie abdicant et blasphemant, credimus quod disputando et exhortando modis omnibus
secundum Deum debeamus illos confundere et eis verbo dominico veluti Xpisti et ecclesie adversariis fronte usque ad mortem libera contraire. Ordines vero ecclesiasticos et omne
quod in sancta Ecclesia Romana sanccitum legitur aut cantatur, humiliter collaudamus et fideliter veneramur. Dyabolum non per conditionem set per liberum arbitrium malum
esse [Fol. 445ᶜ] factum credimus et fatemur. Corde credimus
et ore confitemur huius carnis quam gestamus et non alterius
rationem. Iudicium quoque per Ihesum Xpistum esse futurum
in fine seculi, et singulos pro hiis que in hac carne gesserunt
recepturos vel penas vel premia in corpore et anima, credimus et firmiter affirmamus. Interim vero ante universale
iudicium summe bonos credimus in celum ascendere et esse
cum Xpisto, summe vero malos cum dyabolo descendere in
infernum; illos vero qui habent in morte aliquid cremabile
sive purgandum, ire in purgatorium credimus, quos ibi iuvari
per suffragia ecclesie, per sacrificia, per carorum orationes
et elemosinas et per alia beneficia confitemur. Remanentes
in seculo et sua possidentes, elemosinas et cetera beneficia ex
rebus suis agentes, precepta Domini servantes, salvari credimus et fatemur. Decimas, primicias et oblationes, ex precepto
Domini credimus clericis persolvendas, secundum divina et
canonica instituta. Credimus etiam quod claves ecclesie concessit [Fol. 445ᵈ] apostolis eorumque successoribus Dominus
Ihesus Xpistus. Et ideo confitemur quod episcopi et alii prelati
qui habent curam animarum, possint ligare et solvere, excommunicare et reconciliare ac malos persequi et vitare, et constitutiones facere secundum quod saluti subditorum viderint
expedire; et propter hoc prelatorum sententiis debent subditi humiliter obedire. Confitemur etiam quod dominus papa

et episcopi possunt facere indulgentias, secundum quod fidei
et ecclesie ac divino cultui viderint expedire. Et propter hoc
approbamus remissiones et indulgentias quas faciunt contra
Sarracenos et hereticos, et contra impios xpistianos, vel aliter,
prout saluti animarum fuerit oportunum. Confitemur etiam
obediendum esse non solum Deo, sed etiam hominibus carna-
libus, scilicet domino pape et aliis episcopis ac prelatis, licet,
quod absit, ipsi fuerint peccatores, dummodo ab ecclesia
tolerentur, et nos ipsi eis obedientiam promittimus puro
corde. Firmiter etiam pollicemur quod de cetero illam fidem
tenebimus quam [Fol. 446*a*] Romana tenet Ecclesia, que, dis-
ponente Domino, cunctorum fidelium mater est et magistra.
Abiuramus etiam et dampnamus omnem heresim et omnem
errorem quocumque nomine censeatur, quem Romana damp-
nat Ecclesia; et promittimus quod pro viribus fideliter de
cetero persequemur omnes quos in predictis erroribus nove-
rimus sic errare et ad persequendum illos dabimus consilium,
auxilium et favorem. Et quod predicta omnia fideliter et firmiter compleamus, iuramus super sancta Dei evangelia bona
fide.   E[x]plicit.

III.

[Fol. 446*a*] *Sub qua forma iuret de heresi inquirendus.*

Ego talis iuro super sancta Dei evangelia quod ego stabo
et obediam mandatis ecclesie et vestri talis episcopi, et dicam
plenam et puram veritatem tam de me quam de aliis omnibus, vivis et mortuis, de quibus occasione fidei fuero requi-
situs per vos vel per alium auctoritate [Fol. 446*b*] vestra; et
etiam, licet non fuero interrogatus, de hiis que ad memoriam
reducam non celabo veritatem, et predicta faciam bona fide,
remotis odio et amore, prece ac pretio, gratia et timore et
omni commodo et incommodo quod michi posset inde aliqua-
tenus evenire, et omni pactione qua possem ab huiusmodi re-
tardari vel impediri.

IV.

Super quibus fiant interrogationes.

Si vidit vel cognovit aliquem hereticum, quocumque nomine cenceatur, et quem, et ubi, et quomodo, et quando et quotiens, et quando primo et quando ultimo; et quem vel quos vidit cum illis.

Si predicationi, vel collationi, vel orationi, sive lectioni, vel monitioni sive exortationi, vel confessioni, sive communioni hereticorum interfuit.

Si errores eorum audivit ab eis, vel ab aliis, et a quibus.

Si credidit, vel adhuc credit, vel aliquando approbavit.

Si credidit eos esse bonos homines, vel adhuc credit, et quamdiu credidit, et si eos appellavit bonos homines, vel audivit eos ab aliis [Fol. 446ᵇ] sic appellari et a quibus.

Si credit persequtores eorum persequendo eos peccare, vel si credidit un quam.

Si reprehendit vel arguit coram populo vel coram aliquibus, publice vel occulte, episcopum et inquisitores, quia persequebantur eos, vel si aliquando comendavit.

Si dycit aliquando quod vellet esse animam suam ubi erat aliquis qui fuerat pro heresi condempnatus.

Si ossa vel cineres combustorum pro heresi habuerit, et si scit aliquem qui habuerit, vel tenuerit, pro reliquiis vel aliter.

Si habet vel habuerit libros hereticorum, et specialiter si evangelia vel epistolas in romano, vel psalmos, vel orationes alias in vulgari, secundum morem Valdentium.

Si induxit vel monuit aliquem ad credentiam vel amorem hereticorum, vel si fuit ad hoc ab aliquo inductus, et a quo, et qualiter, et ubi, et quando.

Si dedit eis consilium, auxilium, vel favorem, vel deffentionem facto vel verbo.

Si visitavit illos, vel eis dedit elemosinam, vel ducater (*sic*).

Si recepit eos in domo, vel si celavit [Fol. 446ᵈ] vel occultavit, vel sustinuit, vel si s[c]it qui hoc fecerit et quotiens.

Si captos pro heresi liberavit, vel ad liberandum eos a carcere episcopi dedit consilium, auxilium vel favorem.

Si scit sepulturam alicuius heretici in cimiterio vel alibi.

Si dedit eis pacem vel recepit ab eis.

Si eorum officio interfuit in die cene.

Si panem benedictum ab eis comedit.

Si aliter comedit vel bibit cum eis.

Si dedit vel misit eis aliquid.

Si legavit vel legari fecit eis aliquid, vel si scit qui fecerit.

Si recepit eorum elemosinas, vel ab eis fecit dari.

Si recepit eorum deposita, vel aliqua deposuerit penes eos.

Inquirantur etiam de loco, de tempore, de presentibus, et aliis circumstantiis studiose.

Item, a conversis inquiratur in quibus erraverunt et si errores predicaverunt, vel docuerunt, et qui audierunt suam predicationem sive doctrinam.

Item, qui fuerunt sibi confessi secundum modum eorum.

Item, qui sunt eorum receptatores.

[Fol. 447ᵃ] Item, qui benefactores.

Item, qui credentes.

Item, qui interfuerunt cene ipsorum.

Item, qui receperunt ipsum ad osculum pacis secundum morem ipsorum.

V.

De ydolatris et ydolatriis.

Eodem modo fiant interrogationes de ydolatris et ydolatriis.

Super ydolatris sive maleficiis inquiratur, si fecit aliquid quod ad cultum demonum pertinet, vel si fecit fieri, vel si scit quis fecerit.

Si fecit experimentum speculi vel ensis, vel unguis, spere, vel manubrii eburnei, vel de invocandis demonum auxiliis super aliquibus herbis, vel avibus, vel aliis creaturis.

Si fecit aliquod experimentum pro amore mulierum vel hominum, vel pro odio, ira et discordia aliquorum, vel pro inveniendis furtis vel thesauris, vel pro habendis honoribus, vel diviciis, vel favoribus.

Si fecit experimentum circuli et infantis, vel si fecit aliquod sacrificium ad habendum responsum demonum.

Si fecit experimentum in aqua vel igne, vel ere, vel cum plumbo.

Si de capite vel alia parte hominis mortui vel vivi, vel de illorum [Fol. 447^b] vestibus vel capillis fecit aliquod propter odium vel amorem.

Si de sanguine hominis vel mulieris scripsit aliquid in hostia vel alibi.

Si in intestinis animalium, vel spatulis, vel in manibus hominum quesivit futura.

Si observavit dies egyptiacos, credens eos esse infaustos ad aliquid incipiendum vel ad minuendum et huiusmodi.

Si in kalendis januarii propter annum novum fecit aliquid augurio boni fati, dando ad invicem aliqua pro strenis.

Si observavit menses aut tempora, aut horas diei, aut annos, aut lune, aut solis cursum vel etatem, credens dies, vel horas, vel puncta, vel tempora aliqua fortunata, vel infortunata ad aliquid faciendum, vel incipiendum, vel obmittendum, ut pro viagio, vel pro coniugio copulando, vel pro edificio inchoando.

Si numerum litterarum, vel punctorum, vel figurarum sive quorumcumque signorum vel verborum, vel caracterum inquisivit de morte vel vita alicuius, vel de aliquibus futuris prosperis vel adversis.

[Fol. 447^c] Si observavit sompniola scripta falso intitulata nomine Danielis, vel sortes qui dicuntur apostolorum, vel si dixit carmina in collectionibus herbarum, ut de provenca, vel si portavit vel posuit super homines vel animalia pictaciola scripta, sive brevia pro infirmitate, vel pro alia causa.

Item, si fatavit vel fatari fecit infantem, vel si aliquam personam ad hoc consuluit, vel si fecit parari mensam cum epulis vel luminaribus ipsis fatis sive fadis.

Si observavit auguria avium in volatu vel voce, vel sternutationes, vel alia inicialia, credens illa esse causas vel signa infortunarum illa die, vel mense, vel anno.

Si observavit inventicia, ut de ave incubante ovis, credens de hoc habere fecunditatem, vel habundantiam, vel inventionem ferri, vel acus, vel oboli, vel lupi, vel serpentis et huiusmodi, credens illa esse causas fortunii vel infortunii.

Si observaverit constellationes, credens quod secundum cursus siderum [Fol. 447 *d*] nascentium mores, actus et eventus noscantur.

Si fecit experimentum de transsiliendis ignibus vel accipiendis, de aliquo numero focorum, vel de ossibus comburendis.

Si credidit talibus, si ivit ad domum operantium talia, vel si introduxit ad domum ad interrogandum.

Si fecit experimentum alicuius ymaginis, et expresse si fecit aliquam ymaginem, vel nummum, vel obolum, vel breve, vel aliud baptizari.

Si de corpore Xpisti vel de crismate, vel aqua babtismi, vel alio aliquo sacro fecit aliquod experimentum.

Si fecit experimentum karacterum scriptorum in quacumque pelle, vel pomo, vel alio fructu.

Si fecit experimentum figurarum vel stigmatum, vel incisionum, vel impressionum, vel anulorum.

Si fecit experimentum de incantandis serpentibus, vel aliis animalibus.

Si fecit tortellum, vel placentam, vel aliquod aliud edulium vel poculum [pro amore alicuius vel hodio, vel pro faciendo abortivo, vel pro habendo vel non habendo infante.]

Si de zona vel cambalia fecit aliquam divinationem.

[Fol. 448 *a*] Si fuit reconciliatus, et a quo, et quando, et qualiter, et si habet inde litteras, vel testes.

Si fuit penitentia sibi pro hiis iniuncta, et que, et si perfecit eam, et si celavit aliqua.

Si fecit lapsus postea in aliquo de predictis.

Si scit aliquem alium peccasse in aliquo de predictis.

Toulouse, Imp. DOULADOURE-PRIVAT, rue St-Rome, 39. — 9323